AF475098

RECENSEMENT DES PORTEURS.

LA FRANCE AU CONGO

I

En 1491, par une soirée d'automne, un homme d'une trentaine d'années suivait à pas précipités le réseau des rues tortueuses de Nuremberg sans faire attention aux passants qui s'arrêtaient pour considérer avec étonnement son costume oriental.

Par instants, il interrogeait les façades gothiques des vieilles maisons, qui toutes lui étaient certainement connues. A la fin, en tournant la Zistelgasse, il se trouva devant la demeure du conseiller Michel Behaim et y entra comme chez lui. Le lendemain, le bruit se répandit dans la ville que cet étranger, qui avait excité la curiosité générale, n'était autre que le propre fils du conseiller, ce Martin Behaim parti, il y avait longtemps, et que tout le monde croyait mort; mais, après avoir annoncé qu'il entreprenait un voyage à Venise, à Anvers, à Vienne, pour y faire le commerce des draps, il n'avait plus donné de ses nouvelles. Or, on apprenait maintenant qu'il revenait de Lisbonne et que le roi de Portugal l'avait fait chevalier, afin d'honorer en lui un des plus grands savants du siècle. L'année suivante, la stupéfaction fut au comble lorsqu'il eut achevé cette fameuse sphère (1) où étaient indiquées, avec toutes les connaissances acquises jusqu'alors en géographie, de nombreuses données sur les pro-

(1) Cette sphère est restée dans la famille de Behaim, dont les descendants existent encore à Nuremberg. C'est un objet de pieuse admiration. Elle servit de modèle aux fabricants de « globes terrestres » nurembergeois qui furent pendant des siècles les plus renommés en Europe. (C. S.)

blèmes nautiques que devaient réaliser bientôt les illustres découvertes du Nouveau Monde et de la route des Indes par l'Ouest. Les historiens et chroniqueurs de l'époque appellent Martin Behaim le prince des cosmographes, et, de nos jours, il est à peu près démontré qu'il fut, avec Paolo Toscanelli (1), l'inspirateur de Christophe Colomb, à qui tous deux montrèrent le chemin.

C'est à Martin Behaim également et à Diego Caô (Cam) qu'est due la découverte du Congo. Vers le milieu du quinzième siècle, il y avait de fréquents rapports entre l'Allemagne et le Portugal. Beaucoup d'Allemands émigraient dans ce dernier royaume, où ils importaient leur expérience commerciale ou industrielle. En outre, la Hanse allemande fournissait souvent aux Portugais les caravelles et les galiotes avec lesquelles les navigateurs protégés par la cour de Lisbonne s'aventuraient sur les mers. Martin Behaim fut de ceux qui entrèrent dans ce mouvement. En arrivant à Venise avec l'intention d'y faire simplement des affaires, il y entendit les récits merveilleux des voyageurs qui avaient vu des terres lointaines, ignorées de l'ancien monde, et se prit à son tour de passion pour ces audacieuses expéditions. Hanté, dès ce moment, par la pensée de visiter ces pays du Sud embellis par l'imagination des narrateurs, il résolut de partager la témérité de ces Portugais dont la gloire éclipsait celle de tous ceux qui les avaient précédés. Et avec la ténacité qui était le fond de son caractère, il se rendit à Lisbonne, au lieu de poursuivre son itinéraire projeté d'abord. Il y rencontra des esprits de haute culture qui s'appliquaient, sous la direction scientifique des Juifs, à étudier dans l'observatoire de Sagres, fondé par Henri le Navigateur, toutes les questions se rattachant au mystère de la mer des Ténèbres, dont ils s'efforçaient de lever le voile. Quoique jeune, il se présenta au milieu d'eux avec des titres qui le recommandaient à leur estime. Nuremberg occupait alors un rang élevé dans l'enseignement des mathématiques et de l'astronomie, et Regiomontanus y avait eu Martin Behaim pour le meilleur de ses disciples. On en eut la preuve lorsque le jeune cosmographe apporta aux savants portugais l'astrolabe dont il était l'inventeur (2).

Depuis des siècles, les marins n'avaient eu pour guides sur les océans que les étoiles, dont les positions relatives leur montraient plutôt par conjecture ou, suivant l'expression consacrée, par « estime de la route », que réellement, le lieu où ils naviguaient, et à ces moyens souvent trompeurs d'orientation ne s'ajoutaient, pour contrôler les indications, que des instruments très imparfaits dus aux Grecs et qui servaient à mesurer les distances angulaires du soleil, de la lune et des autres astres. Les astrolabes des anciens étaient en bois et reposaient sur un trépied, appareils primitifs pouvant suffire aux levés géographiques sur terre ferme, mais occasionnant de grands inconvénients sur les navires sujets au

(1) Sur la part qui revient à Martin Behaim et à Toscanelli dans la découverte du Nouveau monde, voir notre ouvrage : Charles Simond, *Christophe Colomb* (Paris, Lecène et Oudin), et les remarquables travaux de MM. Harry Harrisse et César de Lollis.

(2) C'était l'astrolabe de Raymond Lulle, mais perfectionné. Cet astrolabe de Martin Behaim, simple cercle divisé, muni d'une alidade aux deux extrémités de laquelle se dressait une pinnule, resta, dit Jurien de la Gravière (*Les marins du quinzième et du seizième siècle*, Paris, librairie Plon) en usage sur nos vaisseaux jusqu'aux dernières années du règne de Louis XIV. Pour s'en servir, on le tenait généralement à la main, suspendu verticalement par un anneau.

double déplacement de roulis et de tangage. Martin Behaim, en construisant l'astrolabe, fit disparaître les inexactitudes de données résultant du terrain mouvant, mais il ne voulut pas se renfermer dans la théorie de l'art nautique. Jean II céda au désir du Nurembergeois en lui permettant de se joindre, en 1484, à l'expédition de Diego Cão. Ils mirent à la voile, emportant deux *padraos* de pierre destinés à marquer la prise de possession des terres qu'ils découvriraient. Après avoir doublé le Cap, qui était la limite extrême des terres connues sur la côte d'Afrique, sous le roi Don Alfonso, ils arrivèrent à un grand fleuve où ils plantèrent leur pilier, et qu'ils appelèrent, pour cette raison, *Rio de Padrao*, nom auquel Martin Behaim substitua celui de *Rio poderoso* (le grand fleuve). En 1578, Lopez, qui visita Angola, vit également ce puissant cours d'eau qu'il décrivit en assurant que les indigènes le nommaient Zaïre, ce qui, comme l'a démontré Stanley, n'était qu'une corruption de Nsari, Nsali, Ndjiali, etc., et voulait tout bonnement dire « fleuve ».

CRAMPEL.

Diego Cão préjugea que sur ses bords devaient s'échelonner des villages et le remonta jusqu'à une certaine distance. Les naturels, qui étaient tous noirs et crépus, racontaient aux navigateurs qu'à l'intérieur du pays régnait un roi redouté. Diego Cão s'empressa d'envoyer vers lui quelques-uns des hommes de l'expédition, en leur recommandant de revenir le plus promptement possible; mais, comme leur absence se prolongeait indéfiniment, il s'empara de plusieurs des naturels qu'il garda comme otages, soupçonnant le massacre de ses compagnons, et reprit le chemin de l'Europe, en promettant de revenir dans quinze mois. Pendant la traversée, ces nègres prisonniers apprirent le portugais et purent se convaincre de la supériorité intellectuelle des Européens. Aussi, quand Diego Cão les ramena au Congo, à son second voyage, lui servirent-ils d'interprètes et de garants de sa bonne foi auprès du roi congolais, qui conclut un traité d'amitié avec lui. Un de ces nègres, appelé Gazuta, repartit pour le Portugal avec plusieurs des indigènes, et tous reçurent le baptême, le roi et la reine leur servant de parrain et de marraine. Ils furent les premiers apôtres du Congo. Au sud du fleuve, on bâtit une ville, qui fut d'abord nommée Ambassi, puis San Salvador. On y érigea une cathédrale et un certain nombre d'églises. En 1534, un évêque y prit la direction des intérêts ecclésiastiques.

Les Portugais ne surent pas tirer parti de leur nouvelle colonie, qui périclita rapidement jusqu'à la ruine complète; les naturels revinrent à leurs croyances fétichistes, les églises et les monuments furent détruits ou abandonnés, et le seul revenu que donnât aux Portugais le Congo fut le trafic des esclaves transportés par milliers en Amérique. Le pays demeura aux mains du gouvernement de Lisbonne, qui ne fit rien pour y introduire la civilisation et ne songea pas même à reconnaître le cours du fleuve, dont on ignorait tout, sauf l'embouchure.

II

Telle était la situation de cette contrée, quand, en 1816, le capitaine James Kingston Tuckey fut chargé d'une expédition dans cette partie de l'Afrique occidentale. Quoique pourvue de tout ce qui pouvait contribuer au succès, elle échoua dans des conditions désastreuses. Sur les trente-six Européens qui en faisaient partie, dix-huit succombèrent en moins de trois mois, et Tuckey fut une des premières victimes. Cette catastrophe fit reculer pendant une période de plus de vingt ans les autres explorateurs qui auraient tenté de pénétrer dans cette région mystérieuse, et il semblait que le continent noir dût rester de ce côté inabordable, quand, à partir de 1839, se succédèrent des événements qui modifièrent profondément l'état des choses. On connaît les faits; ils ont à plusieurs reprises été exposés dans d'importants travaux, déjà considérables et qui forment, dès maintenant, presque une bibliothèque; aussi pouvons-nous les résumer ici très brièvement (1). Par les traités de 1831 et 1833, les cabinets de Londres et de Paris avaient décidé de mettre fin au commerce odieux de « l'ébène humain », nom donné par les Anglais aux esclaves nègres. Afin d'assurer l'exécution de ces mesures, la France crut utile d'établir sur la côte occidentale de l'Afrique une station où l'on pourrait s'installer d'une manière à la fois efficace et durable. Le lieutenant de vaisseau Bouët-Willaumez, chargé de cette mission, prit, en 1832, avec l'assentiment du roitelet nègre du Gabon, possession de la rive gauche de l'estuaire de ce golfe, et, en 1841, un autre roi noir lui concédait la rive droite. Quelques années après, les Français fondèrent Libreville. Mais le Gabon et l'Ogooué étaient, en réalité, encore à peu près inconnus, lorsque, en 1856, Paul du Chaillu alla chasser le gorille dans leurs forêts et entra en relation avec les Pahouins. Ce ne fut qu'après 1858 qu'il entendit pour la première fois parler de l'Ogabaï (appelé depuis Ogooué), que le docteur Griffon du Bellay, chirurgien de marine, et M. Serval, lieutenant de vaisseau, explorèrent dans son cours antérieur en 1862. Vers la même époque, Burton, l'ancien compagnon de Speke, pénétrait chez les M'Fans (Pahouins), anthropophages, et Reade visitait les basses plaines de l'Ogooué. En 1866, un négociant anglais, Walker, et en 1867 un lieutenant de vaisseau français, M. Aymès, trouvèrent accès auprès du roi des Inengas, dans l'Okanda. La première ten-

(1) Nous basons ce résumé sur l'ouvrage du docteur Voulgre : *le Congo français, le Loango et la vallée du Kouilou* (Paris, librairie Joseph André). Ce petit volume se recommande par l'abondance et la précision des détails, et surtout par de nombreux renseignements inédits sur la géographie, la géologie, l'hydrographie, la flore, la faune, la climatologie, l'ethnographie et la pathologie congolaises. Voir aussi les notions très importantes de L. Lanier dans ses *Lectures géographiques :* Afrique (Paris, Belin).

tative d'une expédition scientifique sur le cours de l'Ogooué n'eut toutefois lieu qu'en 1872, et l'honneur en revient à deux Français, MM. Marche et de Compiègne, qui, grâce au concours d'un riche naturaliste, M. Bouvier, purent accomplir leur projet d'étudier l'histoire naturelle, la géographie et l'anthropologie du pays des M'Fans. Ils avaient formé également le dessein, déjà conçu par du Chaillu, de traverser l'Afrique, mais ils

échouèrent dans ce plan et furent obligés de rétrograder devant l'hostilité des Ossyébas. Ces derniers furent mis en contact avec l'Europe par la mission allemande de la Société africaine. Le docteur autrichien Oscar Lenz commandait cette expédition. Il rayonna autour de Landana, autre centre du commerce des esclaves, et découvrit l'embouchure d'un nouveau fleuve, le Kouilou. Il fut rejoint chez les Okandas par une expédition française investie d'une mission officielle, et à la tête de laquelle se trouvait l'enseigne de vaisseau Savorgnan de Brazza, accompagné du docteur Ballay, aide-médecin de la marine, de M. Alfred

Marche, qui avait d'abord été le compagnon du marquis de Compiègne; le quartier-maître Hamon était également avec eux.

La première expédition de M. de Brazza dura trois ans, de 1875 à 1878. Elle remonta l'Ogooué, jusqu'à six cent soixante-huit kilomètres de la mer, et traversa le pays des Ossyebas, celui des Adoumas, qui n'avait jamais été vu par des Européens, puis les territoires des Okotas, des Chébos, des Obambas, découvrit l'Alima, qu'elle descendit sur des pirogues, et après avoir noué des relations pacifiques, tout empreintes d'humanité, avec la plupart de ces tribus indigènes, revint en France par la voie de l'Ogooué. Ce premier succès avait été obtenu pendant que Stanley faisait, de son côté, des découvertes au Congo, sans que ni l'un ni l'autre des deux explorateurs eût connaissance de leur œuvre parallèle. M. de Brazza n'attendait que le moment d'entreprendre un second voyage. Les sociétés savantes et les Chambres s'intéressèrent à ses projets. Des subventions lui permirent de les reprendre. Il rejoignit le Congo près du cours d'un de ses affluents, la Léfini, fonda Franceville sur l'Ogooué et signa avec Makoko, grand chef de la tribu des Batékès, un traité de paix et d'amitié. Il descendit le Congo jusqu'au lac appelé depuis Stanley Pool, où il établit dans un village appelé N'Tamo, sur la rive droite du fleuve, une station qui fut Brazzaville.

La principale préoccupation de M. de Brazza était d'ouvrir une communication praticable avec la côte. Laissant donc à Brazzaville trois hommes sous le commandement du sergent sénégalais Malamine, il partit avec les autres pour Libreville et, de là, regagna à travers les forêts l'Ogooué et l'Alima. Là il installa le poste de Diélé, et, sans prendre de repos, quoiqu'il fût grièvement blessé au pied gauche, il explora la vallée du N'Douo, affluent du Niari (1882). Il constata que ces deux fleuves n'étaient, en réalité, qu'un même cours d'eau qui va se jeter dans l'Océan sous le nom de Kouilou. Il fut empêché d'aller plus loin par les peuplades indigènes et dut retourner à Landana, d'où il s'embarqua pour la France.

Mais un fait capital était désormais acquis, c'est que la véritable route commode de Stanley Pool à la mer, et la seule permettant d'accaparer le commerce de tout le centre de l'Afrique, ayant pour grande artère le Congo, était ce Niari-Kouilou découvert par de Brazza. Stanley, averti de ces faits, voulut les exploiter sans tarder au profit du gouvernement pour lequel il opérait. Il retourna aussitôt en Afrique, en suivant l'itinéraire tracé par Oscar Lenz, et arriva assez vite sur les lieux pour y créer quelques postes qu'il comptait faire valoir dans les arrangements futurs entre les occupants européens du Congo.

III

La France comprit qu'elle n'avait pas à se laisser enlever ses avantages. Il y eut, dans tous les centres, un grand élan de coopération à l'œuvre de Brazza. Des manifestations éclatantes lui témoignèrent la reconnaissance de toutes les classes du pays. Le gouvernement, la ville de Paris, la Société de géographie, la chambre de commerce, la presse, la nation tout entière se rallièrent avec enthousiasme à ce premier retour victorieux aux traditions si longtemps oubliées ou dédaignées de notre expansion coloniale. M. de Brazza fut le héros du jour, et, quoiqu'il eût tendu lui-même cordialement la main à Stanley, qui l'avait attaqué ouvertement dans plusieurs discours, le public le plaça beaucoup au-dessus de son rival. Le parlement français, après avoir ratifié son traité avec Makoko, vota une somme de 1,275,000 francs affectée au développement de son entreprise. Au mois d'avril 1883, il organisa sa troisième expédition, qui eut pour objet de resserrer les liens d'amitié avec les tribus déjà alliées et de se faire des auxiliaires de celles jusqu'alors hostiles. Il s'acquitta avec une persévérance admirable de cette tâche si difficile et y réussit complètement. Il trouva, d'ailleurs, des collaborateurs dévoués autant qu'énergiques dans Dutreuil de Rhins et Dufourcq, qui explorèrent l'Ogooué, d'après ses instructions, le docteur Ballay, M. de Chavannes et Decazes, son frère Jacques de Brazza, qui relevèrent le cours de l'Alima, M. Paul Dolisie, qui fit de même pour le bas Congo, le lieutenant de vaisseau Cordier, qui occupa le poste de Loango, le capitaine de frégate Rivière, qui remonta l'Oubanghi jusqu'à 1°30', le capitaine Pleigneur, qui se consacra à la topographie de la région située entre Loango et Brazzaville.

M. NÉBOUT.

D'autres expéditions françaises suivirent sans interruption ces routes ainsi tracées. Quelques-uns de ces pionniers payèrent leur héroïsme de leur vie. Tels Jacques de Brazza, qui mourut des fatigues de son voyage, Pleigneur, qui se noya dans le rapide de Kossounda, Paul Crampel, qui fut massacré en avril 1891, Biscarrat, tué à El Kouti, aux abords du bassin de Chari, Thiriet, tué sur la rivière Ikila, puis Musy devenu la proie des cannibales (1) ainsi que de Poumayrac (2).

La mission Dybowski, chargée d'appuyer la mission Crampel, était déjà arrivée à Brazzaville quand M. Nebout, dernier survivant du massacre d'El Kouti, vint y confirmer cette sinistre nouvelle. M. Dybowski se porta immédiatement vers l'Oubanghi au secours des Français, débris de l'expédition Crampel, avec l'intention de châtier les assassins. Il n'y parvint qu'à demi, et, après plusieurs rencontres avec l'ennemi, auquel il infligea des pertes considérables, il fut obligé, par suite du manque de vivres, de revenir au Congo (3).

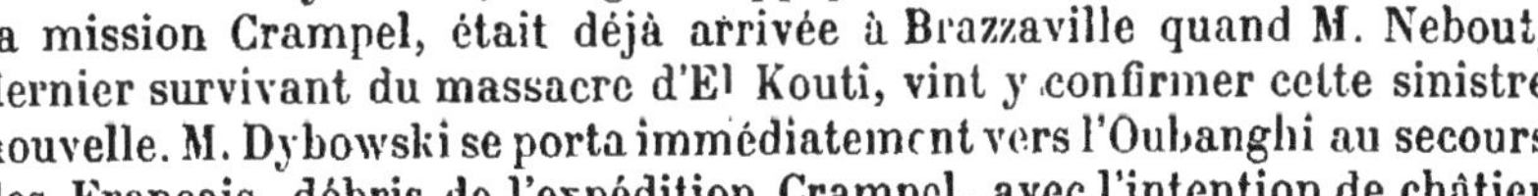

(1) M. Musy, chef de poste à Bangui, en face des rapides de Zongo, sur l'Oubangui, fut assassiné en 1890 et mangé avec douze de ses miliciens par les indigènes.

(2) En 1892, MM. de Poumayrac et Gaillard furent chargés d'installer des stations sur la rive droite de l'Oubangui et au confluent de ce cours d'eau et du M'Ocmou. M. de Poumayrac fut envoyé par un agent de notre colonie, M. Liotard, vers le Kotto, rivière arrosant le pays des Boubous anthropophages et formant une importante voie de pénétration. Attaqué par les naturels il commit l'imprudence de descendre de sa pirogue près de Sanda, et de poursuivre les Boubous dans les terres. Il fut enveloppé avec ses Sénégalais, et percé de coups de couteau et zagaies. Tous furent mangés. Le massacre de M. de Poumayrac et de ses compagnons fut vengé plus tard par le duc d'Uzès (Voir *Bibliothèque illustrée des voyages autour du monde par terre et par mer*, n. 13. *Les Boubous du Congo*.)

(3) M. Dywboski était à cette époque maître de conférences à l'école d'agri-

Ainsi, à mesure que le courage surmontait les périls et que les horizons de l'inconnu s'élargissaient devant les explorateurs, les ténèbres se dissipaient graduellement. il devenait évident que le Congo français, surtout dans la riche vallée de Koulou, ouvrait à la métropole un vaste champ d'espérances. Celles-ci n'ont pas été démenties, et l'avenir les réalisera sans doute brillamment, mais à la condition de ne point s'arrêter dans l'œuvre commencée, d'augmenter et de régulariser les moyens de communication, d'apporter à la mise en culture du sol naturellement fertile des méthodes intelligentes, patientes, sainement comprises et sincèrement pratiquées. Il ne faut pas se dissimuler, en effet, que pour accaparer le commerce du haut fleuve, l'Etat libre du Congo fait appel à toutes ses ressources, et que la victoire définitive appartiendra dans ce duel à celui qui se sera assuré le plus de moyens de transport commodes. Les Belges ont fait des sacrifices immenses pour parachever leur chemin de fer de transbordement au Congo. Ils ont atteint leur but, et l'inauguration de cette voie ferrée, qui vient d'avoir lieu, leur donne une supériorité qu'il sera difficile de leur disputer. Ils ont pris exemple sur les Russes en Asie et, conscients de ce qu'il fallait faire, ne se sont pas permis de relâche (1). C'est un enseignement pour nous; mais portera-t-il des fruits? Et ne convient-il pas de regretter que, de notre côté, nous n'ayons jusqu'ici emprunté à la Russie que les errements du *tchin*, cette bureaucratie aussi parasite que stérile?

Charles SIMOND.

culture de Grignon. Le *Comité de l'Afrique française* lui confia la direction de cette mission. Il s'associa MM. Brumache, Chalot et Bigrel, qui, tombé malade au cours du voyage, fut remplacé par M. Briquet. Cette mission était très bien équipée et approvisionnée. Elle avait 550 porteurs ayant chacun une charge d'un ballot pesant 30 kilos.

(1) Voir sur les progrès faits par la colonisation belge au Congo l'article récent publié dans la *Revue des Deux Mondes* (1er juillet 1898) par M. le comte Henry de Castries, ainsi que les travaux du regretté M. Wauters, *Mouvement géographique*, et l'intéressante étude de M. le lieutenant Masui : *l'Etat indépendant du Congo à l'exposition de Bruxelles-Teroueren* (1897) : « Les coloniaux français devraient, suivant M. de Castries, profiter de l'exemple donné par les Belges, et la France ne devrait pas perdre de vue que si les capitaux, l'industrie, le commerce belge, se sont disputé la mise en valeur de l'Etat indépendant du Congo, c'est que le gouvernement de cet Etat, réduit à des rouages rudimentaires, n'a pas prétendu tout dominer, tout contrôler, tout administrer. Aujourd'hui la ligne à suivre, pour les coloniaux français est de faire comme les Anglais dans la question du canal de Suez et de mettre tout en œuvre pour arriver à obtenir dans la compagnie du chemin de fer du Pool, créé par les Belges, une place prépondérante. »

TRANSPORT D'UN HIPPOPOTAME DÉPECÉ.

LE CONGO FRANÇAIS

DE LOANGO A BRAZZAVILLE (1)

Lorsque le capitaine m'annonça que la terre que nous avions en vue était le Loango, je ne fus pas peu surpris. J'avais beau, en effet, m'armer d'une longue-vue et fouiller l'horizon, je n'y découvrais que quelques pauvres cases très éloignées les unes des autres et qui n'avaient guère l'aspect de maisons. Où était donc la ville? Un repli de terrain nous la cachait-il? Devions-nous ne l'apercevoir que plus tard? Mais point, nous approchions et nous ne découvrions rien de plus; et comme je m'informais, j'appris de la bouche du capitaine qu'en effet le Loango était réduit à ces quelques pauvres cases que nous apercevions là-bas (2).

(1) Les pages qui suivent sont empruntées, avec l'autorisation des éditeurs, à *la Route du Tchad*, par Jean Dybowski (Paris, Firmin-Didot et Cie).

(2) Une dune de sable avec, dans le lointain, un filet vert qui confine, à l'horizon, une côte nue sans une maison, sans une case avec une lagune tortueuse et peu profonde, formant plusieurs lacets au pied de l'amoncellement des sables, tel est l'aspect du point de débarquement le plus important de toute la colonie. A peine un mât, surmonté d'un drapeau tricolore, perceptible vaguement à l'œil nu depuis l'endroit où mouillent les paquebots, indique-t-il la résidence de l'administrateur. Les quelques maisons en bois non équarri et les cases ou chimbèques à toiture de raphia qui constituent Loango sont assises dans les replis du terrain, et d'ailleurs trop peu nombreuses pour donner non pas l'aspect d'un village, mais même celui d'un modeste hameau. C'est pourtant là un des sommets du triangle dont les deux autres sont Libreville et

Le bateau stoppa très au large, des bancs de sable empêchant l'accès de la terre et venant même former une sorte de lagune longeant la rive dans laquelle on ne peut rentrer que par une passe accessible seulement aux pirogues et aux petites baleinières.

Bien que notre présence fût signalée par des coups de sirène, nous ne voyions que deux ou trois petites embarcations se diriger vers le bord. Je profitai de la première qui se présentait pour me rendre immédiatement à terre et prier l'administrateur de me donner l'aide dont M. Brazza m'avait assuré le concours, en me fournissant le moyen de débarquer nos très nombreux colis. Mais il me fut répondu que, l'administration ne possédant pas de bateaux suffisants, il convenait de donner des ordres à l'entrepreneur de transports qui s'occupe du portage entre Loango et Brazzaville. Celui-ci ne possédait qu'une seule baleinière, et comme le steamer était à l'ancre loin en mer, ce n'étaient là que des moyens tout à fait insuffisants, car on n'avait pas le loisir de faire plusieurs voyages. Il fallut donc réquisitionner tout ce qu'on put trouver d'embarcations, même des pirogues indigènes, et mon débarquement se fit dans les conditions les plus déplorables qu'on puisse imaginer, car le bateau ne pouvait attendre, devant, dès le lendemain, faire route vers le Sud. Tous mes colis furent donc débarqués en hâte, jetés n'importe où sur la côte. Beaucoup d'entre eux étaient maculés par l'eau de mer, et je devais craindre qu'ils ne fussent avariés. On ne put même pas mettre à ma disposition un nombre suffisant d'hommes pour recevoir tous ces colis, qui s'égrenaient en un long chapelet ayant plus d'un kilomètre de long. Je dus donc employer mes Sénégalais, qui, bien qu'ils fussent engagés avec l'attribution spéciale de soldats, me fournirent cependant sans se plaindre un utile travail.

Nous étions débarqués depuis le matin. Je demandai que l'on voulût bien me fournir pour mon personnel blanc et pour mes hommes d'escorte la nourriture que, m'avait-on assuré, je trouverais dans tous les postes; mais il me fut répondu qu'il était impossible de me procurer des denrées. Il nous fallut donc nous

Brazzaville et dont les côtés, à peine parcourus quelquefois, enserrent notre immense colonie. C'est là le point de départ de tous les convois allant dans l'intérieur et l'extrémité du seul itinéraire praticable, et combien plus, en pays français, pour rejoindre Brazzaville et les postes de l'Oubanghi. Le débarquement s'effectue péniblement, à cause de l'éloignement de la côte et de la barre qui ferme l'entrée de cette lagune inhospitalière. Pour donner une idée de la difficulté qu'on éprouve à aborder et à faire le transbordement des marchandises sur cette côte dangereuse, qu'il me suffise de dire que quatorze embarcations appartenant à la mission Monteil furent chavirées dans la barre, et que celle dans laquelle se trouvait le chef de la mission et M. l'administrateur Fondère fut copotée. Monteil, complètement recouvert par l'embarcation, faillit y trouver la mort et ne dut son salut qu'à la présence d'esprit de ses compagnons. (D. Voulgre, *Le Congo français, le Loango et la vallée du Kouilou* (Paris, Librairie africaine et coloniale, Joseph André et Cie, 1897.)

mettre à la recherche d'aliments pour tout mon personnel. La factorerie de la maison Daumas et Cie mit complaisamment des vivres européens à ma disposition. Il était moins facile de trouver sur-le-champ de quoi nourrir mes Sénégalais. Il n'y a pas au Loango de commerce de vivres. Les indigènes peuvent, lorsqu'ils sont prévenus, apporter, au bout d'un jour ou deux, la quantité de manioc qu'on leur demande, mais il ne faut pas compter trouver des provisions dès l'arrivée. Il n'y a pas davantage de bétail, et c'est une bonne aubaine lorsqu'on amène quelques chèvres ou un mouton de l'intérieur. J'arrivai, grâce encore à l'obligeance des factoreries, à me procurer un porc et une chèvre qui nous permettraient du moins d'attendre le lendemain. Je dois dire que, les jours suivants, l'administrateur voulut bien tenir compte des recommandations faites par M. de Brazza et délivrer chaque jour à mes hommes une ration de riz et de sel.

On mit à ma disposition une sorte de hangar à un étage, qu'on appelait là-bas *le Congo* et qui avait servi de logement et de lieu de déballage aux premières missions organisées par M. de Brazza, lesquelles étaient parties de là pour Brazzaville. C'était une assez pauvre masure; mais, aidé de mes hommes, nous eûmes bientôt fait de l'approprier un peu. Au premier étage, mes trois compagnons se logèrent. Au rez-de-chaussée, je fis transporter peu à peu tous les colis qui avaient été jetés à la plage.

Un de mes premiers soins fut d'équiper mes Sénégalais. Ils reçurent leurs vêtements et leur armement, lesquels ne leur étaient pas imputés sur la solde.

Le costume consistait en un pantalon et bourgeron de treillis, plus un bourgeron de drap bleu; comme coiffure, une chechia. Ils reçurent également deux chemises de coton et une ceinture de flanelle.

L'équipement comprenait : couverture de laine, sac de dos, bidon, gamelle individuelle. L'armement : fusil Kropatchek avec baïonnette et ceinturon, cartouchière.

De plus, chaque homme portait sur son sac un sabre d'abatis, une pelle, une hachette, ou un seau de toile.

A peine équipés, mes tirailleurs furent chaque jour menés aux exercices d'assouplissement d'abord, puis de tir à la cible.

Dès l'arrivée, je me préoccupai de préparer et d'organiser tous les colis d'une façon définitive. La plupart d'entre eux avaient déjà été enfermés dans des emballages étanches et dans des caisses réglées à 30 kilos en Europe. Mais nos munitions, par exemple, nous avaient été livrées à l'arsenal de Cherbourg en charges trop fortes pour que l'on pût songer à les transporter telles à l'intérieur. Prévoyant le fait, j'avais emporté de France un grand nombre de caisses vides en bois doublées de zinc qu'il n'y avait plus qu'à souder. Je pus ainsi enfermer dans son emballage définitif tout ce qui ne devait servir que dans la région haute.

Toutes les marchandises, les aliments, l'équipement, etc., étaient soigneusement inventoriés. Chaque caisse avait, dans des petits carnets spéciaux, son compte d'entrée et de sortie. Il était aisé par ce procédé de se rendre compte de ce qu'on avait et de ne jamais ouvrir une caisse qu'à coup sûr.

Les objets d'usage courant étaient enfermés dans des caisses en fer à charnières et suffisamment protégés contre les intempéries.

Lorsque tout fut préparé, je me trouvai en présence d'environ 550 charges qu'il fallait transporter dans l'intérieur. Ce nombre peut sembler, à juste titre, considérable. Il l'était, en effet, par la raison que, d'une part, nous allions pénétrer dans une région vierge d'exploration, et pour laquelle, par conséquent, les renseignements précis nous faisant totalement défaut, il fallait ne pas être pris au dépourvu et emporter un peu de tout. D'autre part, le programme qui m'avait été dicté me chargeait d'installer des postes d'occupation dans la région comprise entre l'Oubangui et le Chari. Il m'était donc indispensable d'emporter tout l'outillage nécessaire à leur établissement.

DOMESTIQUES LOANGOS.

Pour se rendre du Loango à Brazzaville, il faut parcourir un chemin d'environ 600 kilomètres. Dans l'état actuel des choses, le seul moyen de transport qui existe est celui qui consiste à utiliser le portage à dos d'homme. Il n'y a aucune sorte de monture ni d'animaux de portage.

Les Loangos sont depuis fort longtemps accoutumés à ce service. Depuis notre occupation de cette partie de la côte, l'administration s'est appliquée à le développer le plus possible, et on est arrivé ainsi à obtenir un nombre prodigieux de porteurs, qui viennent maintenant s'engager soit au poste, quand il s'agit de transporter des produits destinés à alimenter les stations de l'intérieur, soit aux factoreries. On estime à environ 7,000 le nombre d'indigènes qui, chaque année, font la route de Loango à Brazzaville.

Les Loangos portent leur charge sur la tête ou sur les épaules. Quelle qu'en soit la nature, on la place dans des sortes de longs paniers que ces indigènes nomment *moutète* et qui sont formés par deux grandes feuilles de palmier à huile. Les nervures, grosses souvent comme le poignet, forment les deux arêtes de la base de ces paniers. Les folioles, qui ressemblent à celles du dattier ou du cocotier, sont tressées ensemble et constituent le fond. Les bords de droite et de gauche sont faits par les rangées de folioles restées libres, que l'on tresse en une natte continue.

JEAN DYBOWSKI.

La charge est solidement amarrée dans la moutète, et il reste encore de la place pour les marchandises servant à acheter la ration, pour les aliments, et un vase de terre ou de fer destiné à les préparer.

Ce portage est fait dans des conditions toutes spéciales : des sortes de petits chefs de caravane, auxquels on donne le nom de *capites*, viennent au poste ou dans les factoreries s'engager à fournir un certain nombre de porteurs. Afin d'être sûr qu'ils ne se dédiront pas, on les lie en leur donnant des avances qu'ils touchent non pas seulement pour eux, mais pour chaque porteur. Les factoreries font ainsi des avances souvent considérables qui correspondent parfois à l'engagement de quelques milliers d'hommes.

Il arrive que certains de ces chefs, après avoir touché l'avance, ne se représentent plus, mais le fait est presque exceptionnel, car du même coup ils s'interdiraient toute nouvelle affaire.

Le service de l'administration est fait à l'entreprise et par adjudication; et au moment de mon passage, le prix auquel la soumission était accordée était de 37 fr. 50 par porteur, chargé à 30 kilos maximum, pour le voyage d'aller et retour, et sans augmentation ni diminution de salaire, qu'il soit, à son retour, chargé ou non.

La monnaie européenne n'a pour ainsi dire pas cours au Loango. Seuls, quelques noirs habitant la côte acceptent les pièces d'argent, parce qu'ils savent qu'ils en auront toujours le placement dans les factoreries. Les porteurs, au contraire, sont toujours payés en marchandises. Les factoreries et les entrepreneurs de transport ont un grand intérêt à maintenir ce mode de payement. L'unité dans ce cas est ce que l'on désigne sous le nom de *cortade*, et qui a une valeur fictive d'un franc. Les entrepreneurs payent les porteurs à raison de 40 cortades pour le transport de Loango à Brazzaville, alors qu'ils ne reçoivent que 37 fr. 50. Toute la spéculation consiste donc dans le placement des marchandises.

En effet, on estime que la valeur réelle de la cortade, marchandise cotée au prix d'Europe, n'excède pas 40 à 45 centimes.

Les marchandises que les hommes réclament en payement sont de natures extrêmement diverses, mais malheureusement, il faut bien l'avouer, celle qu'ils préfèrent, celle dont le débit est le plus avantageux, c'est l'alcool. On reçoit des alcools de basse qualité de Hambourg et d'ailleurs, et, dans un but philanthropique sans doute, on a soin de les étendre considérablement d'eau.

On le débite alors, suivant une unité de mesure que les indigènes appellent la *bouteille*, et qui est réellement un quart de litre. Deux bouteilles valent une cortade. Quand on veut acheter quelque chose à un Loango, et qu'on lui en demande le prix, il vous répond : Tant de *bouteilles*.

On importe aussi l'alcool par caisses de douze bouteilles en verre de forme carrée. Cet alcool provient également de Hambourg. Il est de qualité relativement supérieure, et les indigènes le désignent sous le nom de *tafia*, tandis qu'ils donnent le nom de *mala-*

fou à l'alcool ordinaire. Ce mot de malafou est le même d'ailleurs qui sert à désigner le vin de palme.

Sauf l'alcool, qui rentre toujours pour une part plus ou moins importante dans le payement, les Loangos demandent des marchandises très diverses : des étoffes, des couteaux, des glaces, des faïences peintes, etc., etc. Comme prix de grands payements, on leur passe quelquefois de vieux chapeaux haut de forme, de vieux oripeaux de théâtre, et jusque parfois des casques de pompier qui servent à orner la tête des chefs.

Lorsqu'on opère le payement d'une caravane, rien n'est singulier comme de voir toutes les indécisions de chacun des hommes qui voudraient prendre de tout et ne peuvent se décider à faire un choix. Généralement ce qu'ils préfèrent, c'est ce qu'on ne leur montre pas, quelques pièces d'étoffe, par exemple, qui sont déposées dans un coin de la salle; et un sûr moyen d'écouler une marchandise nouvelle est de ne pas la leur offrir, mais de la leur laisser seulement apercevoir. Cependant, d'une façon générale, ils n'acceptent pas volontiers ce qu'ils ne connaissent pas. Les marchandises recherchées sont donc presque constamment les mêmes, à quelques variantes près.

Les caravanes touchent au moment du départ un tiers du prix total de payement, plus cinq cortades destinées aux vivres d'aller et de retour. Le reste du payement leur sera délivré au retour.

Tout Loango est inféodé à un chef, et c'est à lui qu'il remet la totalité de son payement, et celui-ci, suivant sa générosité, consent à lui restituer deux ou trois menus objets. Il s'affranchit rarement de cette domination. On voit cependant des jeunes gens être d'abord des porteurs, puis contremaîtres et devenir, au bout d'un certain nombre de voyages d'aller et retour, chefs d'un village indépendant.

Quand on engage la caravane, elle se présente tout entière. On en fait alors le dénombrement et on inscrit chaque homme sous son nom. Le plus souvent, ils donnent alors les dénominations les plus fantaisistes, sortes de noms de guerre qu'ils essayent de rendre les plus drôles possible, au mépris même des convenances les plus élémentaires.

Et c'est alors une sorte de tournoi, dans lequel chacun donne le nom qui fera rire le plus fort toute la bande. Les plus doux sont : *Tchikaïa* (la feuille), *Makaïa* (la fleur), *Makoso* (le cochon), etc. D'autres donnent leur véritable nom, parmi lesquels les plus communs sont les : *Tati*, *Bouili*, *Niambé*, etc.

Après avoir reçu cet acompte et s'être fait inscrire, la caravane attend ses charges. On dispose alors un nombre de caisses ou de ballots égal à celui des hommes. Ceux-ci n'ont le droit d'y toucher que quand ils sont avertis par un signal que tout est disposé. Pendant tout le temps des préparatifs, chacun a examiné la caisse qu'il a jugé la moins lourde ou la plus commode à porter. Les objets de petite taille, de forme allongée, sont toujours préférés ; aussi lorsque le signal est donné, tous se précipitent en même

DÉPART DE LA CARAVANE POUR BRAZZAVILLE.

temps sur les charges les plus commodes, et c'est alors une bataille indescriptible, personne ne voulant prendre les charges encombrantes.

Il faut enfin intervenir, retirer aux gros gaillards les petites

LE CERCLE DE LA DANSE.

charges dont ils ont réussi à s'emparer, les donner aux plus faibles, et imposer aux premiers les caisses qui restaient pour compte.

Il me souvient qu'une fois, dans une caravane que je formais, il y avait une très petite caisse sur laquelle tout le monde s'était jeté. Enfin, le plus solide avait fini par remporter la victoire; lorsqu'il voulu prendre la caisse, il put à peine la soulever, — on s'était trompé, on y avait mis deux charges (60 kilos) de plomb de chasse.

On termine l'opération en faisant un recensement, et en mettant en face du nom du porteur la nature de la charge qui lui est confiée. Désormais on n'a plus à s'inquiéter de rien. Le capite emporte une feuille de contrôle qu'il fera viser aux postes qu'il rencontrera sur la route, et qu'il remettra enfin à Brazzaville.

Le temps moyen du parcours des caravanes de Loango à Brazzaville est d'un mois. Mais il arrivait fréquemment que des porteurs emportaient des charges dans leurs villages et ne se dirigeaient vers Brazzaville que plus tard, lorsqu'ils avaient mangé leurs avances, n'arrivant à destination què deux ou trois mois après. L'administration vient de mettre un terme à ces abus en délimitant le temps normal de portage, lequel est réglé à un mois de saison sèche et à quarante jours pendant la saison des pluies.

Cependant, les exemples de perte absolue de marchandises sont tout à fait rares et exceptionnels. Les contremaîtres sont même rendus, dans une certaine limite, responsables des avaries. Cela n'empêche pas que, lorsque les caravanes sont chargées des transports pour l'intérieur des liquides, alcool ou vin, ils essayent par tous les moyens possibles d'en dérober une partie. C'est ainsi que lorsque ce sont de ces caisses de tafia dont j'ai parlé, il leur arrive de les laisser tomber volontairement, de façon qu'une ou deux bouteilles se brisent, et mettant alors la caisse au-dessus d'un récipient, ils recueillent avec soin tout le liquide qui s'en écoule. Ils font ainsi un double gain, puisqu'ils ont un peu de cet alcool qui leur est cher et que la charge se trouve allégée d'autant. On ne saurait d'ailleurs les accuser, puisque la caisse est, en apparence, intacte et inviolée.

J'eus quelque peine à me procurer le nombre de porteurs nécessaire pour transporter toutes les charges dans l'intérieur. Nous ne formions que de petites caravanes successives, que j'envoyais en avant à mesure qu'elles étaient constituées.

Toutes ces difficultés prolongeaient mon séjour à Loango, où je restai un mois entier. J'utilisai ce temps, d'une part à exercer mes soldats qui faisaient des manœuvres quotidiennes, de l'autre à préparer les moindres détails de ce qui pouvait nous être utile dans l'intérieur et à étudier le pays et les environs, afin de recueillir le plus de documents précis qu'il me serait possible.

Je fis tous mes efforts pour engager, en dehors des porteurs qui étaient simplement destinés à aller jusqu'à Brazzaville, des hommes qui resteraient avec moi pendant tout le temps que durerait mon expédition. Et j'eus quelque peine à y arriver; la constitution sociale des Loangos fait qu'ils n'ont nul intérêt à faire partie d'expéditions de longue haleine. En effet, s'ils partent à l'intérieur, ils savent que leur travail de portage sera indéfiniment prolongé, qu'ils auront, par suite, à faire un travail continu dont cependant ils n'auront aucun bénéfice, puisque ce sera le chef qui s'en appropriera, sinon la totalité, du moins la plus forte partie. Au contraire, dans le cas du portage normal vers Brazzaville, entre chaque voyage d'aller et retour, il y a une période de repos, qui se prolonge souvent pendant quelques mois, pendant laquelle ils n'ont rien à faire, ce qui revient à dire qu'ils goûteront le bonheur absolu.

Les Loangos présentent un type assez constant : ils sont peu développés, presque chétifs, généralement laids. Le front, largement bombé au milieu, s'élargit au contraire le long des arcades sourcilières. Les yeux sont petits, le nez déprimé et large, la bouche très grande et le menton fuyant.

Ils ne manquent pas d'une certaine intelligence. Ce sont, de tous les noirs, les meilleurs domestiques, et avec un peu de dressage ils deviennent bons blanchisseurs, tailleurs ou cuisiniers; mais il ne faut avoir en leur probité que la confiance la plus limitée : ils sont extrêmement voleurs. A la côte, ils exercent des professions diverses : ils deviennent menuisiers et charpentiers. Dans leurs villages, ils excellent dans les travaux de vannerie de toute sorte; ils tressent avec une rare élégance des paniers ornés des dessins les plus divers. Souvent on les voit faire des séries de paniers qui s'emboîtent les uns dans les autres, à la façon des boîtes japonaises. Ils tressent des nattes d'un ton discret et de dessins sobres mais élégants. Les parois des cases sont le plus souvent tressées de la même façon que ces nattes, et prennent alors un aspect de véritable coquetterie.

Beaucoup se livrent à des travaux de sculpture. Ce sont souvent des bonshommes en bois, que l'on a trop fréquemment élevés au rang de fétiches, alors que ce ne sont pour la plupart que des œuvres d'art. Quelques-uns de ces Loangos exercent la profession de sculpteurs sur ivoire. Un d'eux fut amené à l'Exposition universelle de 1889, où il émerveilla tout le monde par son talent naïf, il est vrai, mais riche en ressources de toute sorte. Ils poussent très loin le talent d'imitation, et on les voit reproduire en sculpture des objets ou des dessins qu'ils n'ont vus qu'une fois. C'est ainsi que l'on peut voir sur des pointes d'ivoire sculptées, des cerfs qui, comme on le sait, n'existent probablement pas en Afrique (1), la silhouette de la tour Eiffel, etc.

Il me suffit de leur donner l'empreinte du cachet de la mission

(1) La question de la présence du cerf en Afrique occidentale n'est pas encore élucidée; certains voyageurs affirment en avoir vu.

pour qu'ils me reproduisent un sceau en ivoire en tout point semblable au premier, avec cette très légère différence cependant que, ne sachant pas lire, ils avaient scrupuleusement reproduit toutes les lettres, mais à l'envers.

Aux vices de toute sorte que pratique tout bon Loango, les femmes joignent ceux qui sont propres à leur sexe. Lorsque la jeune fille devient nubile, après l'avoir fait passer par une série de cérémonies spéciales, elle sort des mains de matrones parée de tous les oripeaux les plus élégants que l'on possède dans les cases, accompagnée de toutes les jeunes filles de son village. Elles s'en vont en bandes nombreuses visiter les villages des environs, passent successivement devant chaque case des blancs, et il est d'usage de leur donner quelque offrande. Cette cérémonie de promenade de la *carbasse* (la jeune fille nubile) se prolonge pendant plusieurs jours, pendant lesquels on amasse la dot qui l'aidera à s'établir. Mais, pour être mariée, elle n'en est pas moins vouée pour cela à une austérité plus grande : elle payera seulement redevance à son seigneur et maître.

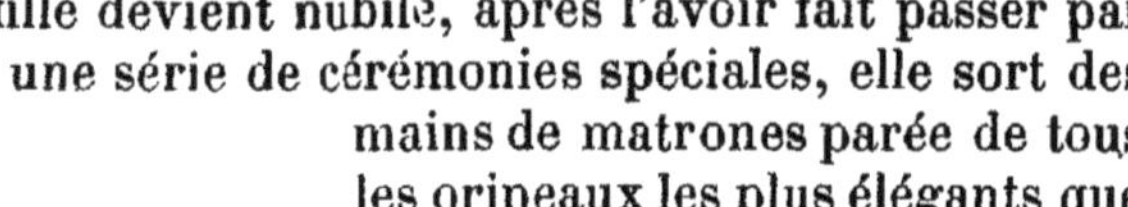

MARCHE DANS LES HAUTES HERBES.

Les jeunes Loangos se convertissent facilement ; ils n'ont pas de parti pris, de croyance bien nette, et il est assez rare de les voir commettre des actes de fanatisme. J'eus cependant l'occasion d'en constater un assez singulier. Dans un village situé non loin de notre frontière de la possession portugaise, deux hommes furent accusés d'avoir tué leur mère : on les arrêta et on les amena au poste. Ils ne niaient pas leur crime, disant qu'ils devaient bien agir ainsi, parce que depuis quelque temps les hommes mouraient dans le village et que le féticheur avait déclaré que la cause en était dans la présence d'un fétiche que leur mère avait dans le ventre, et qui continuerait à exercer son action destructive tant qu'on ne l'aurait pas extrait. Craignant pour leur propre existence, ils n'avaient pas hésité à ouvrir le ventre de leur mère, et ils nous déclarèrent qu'ils y avaient trouvé le fétiche dont on leur avait prédit la présence. C'était une corne de bélier que le féticheur avait eu soin de mettre au moment où on pratiquait l'opération. La femme était morte à la suite de l'opération, que l'on n'avait pas cependant pratiquée pour la tuer, mais, au contraire, pour la délivrer du fétiche. La pratique du poison d'épreuve existe chez les Loangos. Lorsqu'un homme est accusé d'un méfait quelconque, on lui offre de se justifier par l'absorption d'un bol de poison. S'il est coupable, il en mourra; s'il est innocent, les dieux sauront discerner la vérité, et il n'aura rien à craindre de cette absorption.

PALMIERS A HUILE.

Et effectivement, on voit dans certains cas le patient mourir dans d'atroces convulsions, et dans d'autres demeurer tout à fait indemne. La raison en est que c'est le féticheur qui joue ici le rôle du dieu invoqué, et que suivant qu'il a ou non à se venger du patient, ou bien que celui-ci l'a suffisamment payé, il lui fait absorber une décoction d'herbes parfaitement anodine, ou bien au contraire celle de certaines légumineuses qui sont spécialement cultivées pour le poison d'épreuve (*Imperata cylindrica*).

La veille de mon départ du Loango, j'eus la bonne chance de voir arriver M. Cholet, l'explorateur qui avait le premier remonté la Sanga. Il venait prendre les fonctions d'administrateur du Loango. Je regrettai qu'il ne fût pas venu plus tôt, car il m'aurait certainement aidé dans le recrutement tant de mes caravanes que des porteurs qui devaient me suivre jusqu'au bout.

La caravane qui m'accompagnait se composait d'hommes recrutés dans les conditions normales, c'est-à-dire engagés seulement pour aller jusqu'à Brazzaville, et d'autres qui resteraient avec moi. Ceux-ci étaient au nombre de quatre-vingts.

J'avais de plus la promesse d'un très grand nombre de porteurs, qui avaient été précédemment envoyés, de s'engager avec moi à Brazzaville même, pour la durée de mon voyage.

L'administrateur du Loango m'avait d'ailleurs affirmé que je trouverais facilement à engager à Brazzaville un grand nombre de *Bacongos,* hommes vigoureux et énergiques, qui me rendraient de plus réels services que les Loangos. Il avait, disait-il, écrit dans ce sens à M. Dolisie, administrateur principal de Brazzaville. J'étais donc rassuré sur ce point et j'espérais qu'il me serait aisé d'arriver au chiffre de deux cent cinquante hommes que je désirais atteindre et dont le nombre serait tout à fait suffisant pour la marche régulière, une partie des charges pouvant fort bien rester en arrière et n'être reprise que plus tard, lorsque des postes servant de base d'opération seraient établis par mes soins dans la région haute.

Déjà, pendant notre séjour au Loango, mes compagnons européens avaient plus ou moins lourdement payé leur tribut à l'acclimatement. Mais celui qui de tous avait été le plus cruellement atteint était M. Bigrel : les accès de fièvre le secouaient souvent, prenant parfois un caractère de réelle gravité.

J'avais donc prévu, au moment de notre départ, qu'il serait utile d'avoir un certain nombre de porteurs libres, afin de pouvoir, en cas de maladie, disposer d'un hamac dans lequel pourrait s'étendre l'Européen souffrant.

J'ai dit que, dans l'état actuel des choses, le Loango se compose seulement de quelques cases distantes les unes des autres et séparées par de vastes terrains que recouvrent de hautes herbes. C'est dans ces herbes maintenant, par un étroit sentier qui dès l'abord se dirige vers le Nord-Est et serpente en des méandres aussi imprévus que non motivés, que nous prenons notre route.

Après plusieurs journées de marche, plus forte celle-là que la précédente, nous venons camper sur les bords de la forêt du Mayombé. Nos campements sont maintenant organisés régulièrement, suivant un ordre qui sera conservé jusqu'au bout. A peine sommes-nous arrivés à l'endroit de la halte, que nos tirailleurs vont chacun à ses fonctions. L'emplacement où devront être établies les tentes leur étant désigné, ceux qui portent les sabres d'abatis procèdent immédiatement au débroussement. Ceux qui sont armés de haches s'en vont couper le bois nécessaire à la cuisine et aux feux que l'on entretient toute la nuit. Enfin, les hommes munis de seaux sont chargés de rapporter une bonne provision d'eau.

Les porteurs, comme les tirailleurs, ont des places désignées pour leur campement, ce qui est le seul moyen d'éviter, d'une part, qu'ils se dispersent, et, de l'autre, qu'il ne s'élève de discussion entre eux sur le choix de l'emplacement.

Jusque-là notre marche avait un peu manqué de régularité : quelques porteurs s'étaient attardés dans leurs villages, et mes tirailleurs ne se font que peu à peu à l'habitude de porter le sac au dos. Nous prendrons donc une journée de repos pour nous permettre de nous organiser mieux avant d'entrer dans la forêt du Mayombé. Nous sommes campés en lisière de cette forêt, sous l'ombrage de ses premiers grands arbres.

La traversée de la forêt du Mayombé ne se fait pas sans difficulté. Dès le second jour, nous escaladons les flancs à pic du mont *M'Foungou*. La montée est pénible; les pluies ont détrempé le sol. Les pieds glissent et manquent à tout moment. Il faut s'aider des mains, se retenir à toutes les petites branches qui se présentent, monter et monter encore, et tout cela dans une atmosphère chaude, humide, où la respiration manque sous un dôme intense de verdure qui vous écrase; et du sol montent les exhalaisons des feuilles en décomposition dont l'humidité constante de l'atmosphère entretient la fermentation. Et lorsque, enfin, nous redescendons le versant opposé, la marche est plus difficile et plus périlleuse encore. Seules, les énormes racines qui courent sur le sol donnent un peu de sécurité à nos pas; elles ont retenu la terre et forment des sortes de poches où l'eau se mélange à la boue détrempée dans laquelle nous pataugeons. Plus d'un homme glisse et tombe, et sa charge dégringole entre les roches, où on a toutes les peines du monde à l'aller chercher. Cette pénible descente est enfin terminée; mais alors nous nous trouvons en présence d'un torrent grossi par l'eau qui a tombé toute la nuit et dont il nous faut suivre cependant le lit, car c'est là le chemin. Lorsque nous en sortons, c'est pour marcher maintenant dans un sous-bois envahi par les eaux, où nous enfonçons dans la boue jusqu'à mi-mollets, et toute la demi-journée se passe ainsi dans une marche épuisante. La caravane est toute débandée maintenant. Chacun est préoccupé de l'endroit où il peut poser le pied, se retenir aux branches pour ne pas glisser et tomber dans cette vase infecte.

De temps en temps, nous traversons des emplacements où devaient exister des villages. Leur présence est signalée encore par quelques arbres fruitiers : manguiers et papayers.

On rencontre très fréquemment des touffes de balisiers (*Canna*). Ils se sont naturalisés dans le pays, et leur dissémination s'est opérée par le fait que la graine est employée pour faire des colliers. Certains de ces grains de colliers, quoique perforés, conservent l'embryon intact et peuvent germer.

Le long des arbres grimpent les tiges volubiles d'ignames sauvages, portant des bulbes aériens. Les indigènes ne les consomment pas, prétendant qu'ils sont vénéneux.

Après avoir pataugé dans tous ces marais, nous aboutissons à la petite rivière Kaba, qui coule au pied du mont de ce nom. L'escalade de ses pentes glaiseuses, glissante à l'excès, ne se fait qu'au prix d'une fatigue bien réelle. La montée est tellement pénible, que nous n'arrivons à atteindre le sommet de ces pentes que complètement trempés de sueur, au point que notre premier soin est de faire allumer de suite de grands feux pour pouvoir nous sécher et nous réchauffer un peu, car nos vêtements se refroidissent maintenant et nous grelottons, et il fait 26 degrés, mais l'ombre est toujours épaisse et pas un rayon de soleil ne vient jusqu'à nous.

Enfin, le 17 juin, comme je marchais en tête de ma petite colonne sur des plateaux boisés d'acacias, au tournant d'un bouquet de ces arbres, j'aperçus, dans le lointain, une grande masse grise serpentant au milieu d'un forêt toute noire : c'était le Congo, en dessous de Brazzaville. Avec quelle joie je saluai cette vue! Bientôt nous serons au bord du grand fleuve, dont nous remonterons le cours. En marchant bien, nous pourrons arriver à Brazzaville avant la fin de la journée, me disaient mes guides.

Nous sommes maintenant dans une grande plaine tourbeuse, où l'herbe serrée et rase fait sous les pieds un moelleux tapis tout vert et tout émaillé de charmantes fleurs. Des bandes d'alouettes s'envolent à notre approche, sillonnant l'air en tous sens en poussant de petits cris aigus.

Enfin, après avoir descendu une pente boisée d'arbres immenses, nous nous trouvons au bord d'une belle rivière aux eaux claires : c'est le N'Djoué. Un batelier est là qui, à l'aide d'une pirogue, va nous faire traverser le cours. Dix hommes avec leurs charges montent dans la pirogue, et s'accroupissent afin de ne pas la faire chavirer, car la barque est longue, étroite, et son fond est arrondi, Seul, debout à l'arrière, armé d'une longue pagaie, le batelier, profitant d'un contre-courant qui suit la berge, remonte la rivière jusqu'à une centaine de mètres, et d'un seul coup le voilà au milieu du cours. Il se laisse aller alors, se contentant de diriger la frêle embarcation à l'aide de sa pagaie, vers la rive opposée, où le courant vient le déposer doucement. En moins de temps qu'il n'en faut pour le dire, il est arrivé ainsi à franchir ce courant aux eaux si vives qu'il serait impossible de le traverser en ligne droite. Successivement, il nous transporte par petites fournées, d'une rive sur l'autre.

Maintenant, une heure de marche encore, et nous serons à Brazzaville. Tous mes hommes ont réservé dans leur sac un costume de rechange qu'ils revêtent, et tous ensemble nous prenons la route élargie, déblayée, qui doit nous conduire au poste.

Par sa position au bord du Congo, au point où il commence à être navigable, Brazzaville est un des lieux les plus importants de la colonie. De là, par la grande rivière, on peut remonter aisément jusque dans la région haute et se mettre en contact avec des populations industrieuses et des contrées riches en matières pre-

LE LIT DE LA RIVIÈRE.

mières de toute sorte. Le point saillant des explorations de M. de Brazza est d'avoir donné à la France ce poste d'occupation, qui est la clef de toute la région, et c'est là un titre de gloire dont il a droit de se montrer fier.

(1) Le succès des explorations de M. de Brazza a mis son nom au-dessus de celui des plus hardis explorateurs, en assurant à sa patrie d'adoption (on sait qu'il est d'origine italienne) la possession d'une colonie plus vaste que la France elle-même, et cela sans effusion de sang et sans sacrifices pécuniaires

Mais par ce qui précède on voit combien, dans l'état actuel des choses, il est difficile d'arriver jusqu'à Brazzaville. Ce n'est qu'au prix d'une marche pénible qui dure tout un mois, pendant lequel on a à lutter contre des difficultés sans nombre, que l'on peut arriver à franchir cette route de 600 kilomètres. Si des moyens de transport réguliers existaient, reliant ce point à la côte, du coup toute la région centrale serait ouverte au commerce et à l'industrie; car aujourd'hui on ne peut considérer que les transactions soient possibles dans ces régions où il faut transporter les marchandises à dos d'hommes, à un taux extraordinairement élevé. Une foule de produits utiles, qui pourraient être exploités grossièrement en les prenant au sein de cette nature si prodigue, restent là sans emploi, faute de pouvoir les transporter à bon compte. Si du moins une route pouvaît être ouverte, si des animaux de portage faisaient un service régulier, ce serait déjà une grande simplification.

Mais rien de semblable n'a encore été entrepris, et les difficultés qui existaient lors de l'occupation de ces régions sont les mêmes aujourd'hui. Et la situation de ce point du territoire offre un ensemble d'avantages qui apparaissent si clairs aux yeux de chacun que les Belges, qui occupent la rive gauche du Congo, ont compris tout l'intérêt qu'il y avait d'arriver en hâte à le relier à la côte. Leur poste de Léopoldville sera bientôt en communication avec la région du litoral, par un chemin de fer qui est en voie d'exécution.

Dans l'état actuel des choses, Brazzaville comprend, d'une part, le poste, de l'autre, les factoreries. Le poste se composait, lors de mon passage, d'une maison en briques servant de magasin, d'une autre construite en pisé et recouverte de chaume, où habitaient l'administrateur et ses agents, et de quelques cases abritant les tirailleurs sénégalais. Tout cela disposé sur un plateau dénudé situé en haut d'un escarpement, au bas duquel le Congo roule ses eaux jaunes. Pas d'arbres pour abriter les maisons contre l'ardeur d'un soleil de plomb, si bien que la vue s'étend à l'infini sur ce lac immense que forme en cet endroit le Congo et qui constitue le Stanley Pool; et c'est à peine, pendant les journées les plus claires, si l'on aperçoit là-bas, à l'infini, les coteaux qui bordent la grande plaine liquide.

Les débroussements ont été opérés de toute part, mais le sol mis à nu n'est pas cultivé. Il n'y a pas de plantation au poste de

considérables; tant il est vrai que l'énergique persévérance d'une volonté de fer et le dévouement à une cause dont on se fait l'apôtre permettent de triompher des plus insurmontables obstacles. La France doit placer à côté de ses enfants les plus nobles et les plus méritants celui qui, prêt à sacrifier sa fortune et sa vie, va affronter les fatigues d'un inconnu plein de périls, seulement par amour de l'humanité et pour l'intérêt et la gloire de notre pays (D. Voulgre, *le Congo français*. Librairie Joseph André et Cie, Paris.)

Brazzaville, ni d'agents chargés de s'occuper spécialement de la culture. Il est arrivé, paraît-il, que les Européens, fonctionnaires du poste, ayant des aptitudes individuelles spéciales, ont entrepris de créer des jardins potagers et ont obtenu les plus heureux résultats. Mais ce n'étaient là que des faits que l'on peut qualifier d'accidentels, et, les agents ayant été déplacés, les cultures ont rapidement disparu.

Cependant, tout ce qui peut suppléer aux vivres européens qui font défaut, contribue largement à améliorer le sort des agents et leur donne une plus grande force de résistance pour supporter les difficultés du climat. Certes ce climat influe d'une façon nocive sur l'état sanitaire des Européens, mais ce qui contribue plus largement encore à rendre les conditions d'existence très précaires, c'est le manque absolu d'aliments frais et reconstituants : ni viande, ni lait, ni légumes.

On me dit que cette absence de culture est voulue et qu'elle a pour but de favoriser le développement de celles faites par les indigènes. Peut-être le meilleur moyen d'arriver à ce résultat serait de commencer par prêcher d'exemple.

Les populations qui entourent Brazzaville s'occupent exclusivement de commerce et ne cultivent que strictement ce qui leur est nécessaire pour vivre et acheter les denrées qu'elles peuvent obtenir, par voie d'échange, d'autres populations voisines.

On a donc toutes les peines du monde à les décider à apporter au poste le manioc, qui, à lui tout seul, forme la ration aussi bien des tirailleurs que des noirs de toute sorte employés au poste.

Par tous les moyens possibles, on tâche donc d'obtenir des indigènes qu'ils apportent le manioc. Mais ceux-ci, ne trouvant aucun intérêt dans cette vente pour laquelle des prix insuffisants leur sont offerts, ne s'y résolvent qu'à regret, et il advient que les provisions font défaut et que l'on est obligé de recourir à une alimentation infiniment plus coûteuse et de se servir, par exemple, de riz qui vient d'Europe.

Il serait grandement à désirer que l'on pratiquât au poste d'importantes cultures, destinées peut-être non seulement à alimenter tout le personnel d'une façon suffisante, mais même à fournir des produits aux populations des environs, qui, si elles se font prier pour venir vendre, n'hésiteraient pas à venir acheter.

Il n'y aurait pour cela qu'à s'inspirer d'exemples que l'on trouve là sur les lieux. La mission catholique possède, en effet, un jardin potager attenant à de grands champs de culture où tous les légumes européens sont produits en abondance : radis, salades, carottes, tomates, aubergines, choux, etc., etc., poussent avec une telle vigueur, que leur développement complet s'achève en moitié moins de temps qu'en Europe, et c'était toujours fête au poste quand les missionnaires voulaient bien y envoyer quelques paniers de légumes.

Des essais entrepris, timides encore, mais très concluants cependant, montrent combien il serait aisé de faire de l'élevage et de fournir ces deux aliments indispensable à tout Européen : le lait et la viande. Une vache et un taureau ont été importés, le troupeau s'est peu à peu accru et compte maintenant dix-sept têtes. Tout le petit troupeau est dans un état exceptionnellement prospère, mais il conviendrait d'en régler l'exploitation et de profiter rapidement de l'enseignement qui découle de ces essais. Il ne me semble pas douteux, pour mon compte, que le jour où on pourra remplacer la viande d'endaubage par de la bonne viande fraîche, le manioc par nos légumes d'Europe, et fournir du lait aux agents affaiblis, on n'arrive à diminuer sensiblement la mortalité qui sévit d'une façon cruelle sur le personnel blanc. Il y a là plus que des entreprises de progrès à faire, il y a surtout des mesures humanitaires à prendre dont l'application s'impose.

FEMME BATÉKÉ.

Les factoreries françaises et hollandaises s'échelonnent sur le bord du Pool. Un kilomètre pour atteindre celle de la maison Daumas et Cie, et deux encore pour arriver à celle tenue par les Hollandais. Toutes les deux sont dans une situation très prospère. De belles cultures les environnent, et les légumes et les fruits de toute sorte ne font pas défaut.

Dans l'état actuel des choses, ces factoreries sont plutôt des entrepôts, des magasins de concentration de tous les produits achetés dans les stations secondaires. Chacune d'elles possède une flottille destinée à visiter ses postes, à les approvisionner en marchandises et à ramener à Brazzaville celles qui ont été achetées. Un transport continu est établi entre la factorerie principale et le Loango.

Le commerce de Brazzaville même n'a plus à l'heure actuelle qu'une importance tout à fait secondaire. Les transactions sont faites par l'intermédiaire des Batékés. Ceux-ci sont en rapport avec les populations de l'intérieur, et, remontant le Congo en pirogues, s'en vont leur porter des marchandises et rapporter de l'ivoire et du caoutchouc, dont ils connaissent le prix exact et

CHEF DE VILLAGE ET SES ENFANTS.

qu'ils ne cèdent aux factoreries qu'à la condition de réaliser des bénéfices.

Si nos maisons ne consentent pas à donner un prix suffisamment élevé, les Batékés n'hésitent pas ou à les vendre aux factoreries belges, ou bien à les céder à des Bacongos, qui les transportent jusqu'à la côte et y trouvent là des prix plus élevés. On paye ainsi l'ivoire jusqu'à 16 et 18 francs le kilo, mais le payement est fait en marchandises dont le prix réel subit une majoration très élevée. Le bénéfice ne s'établit donc que sur le troc des marchandises cédées à un prix avantageux.

La monnaie courante qui sert de base est la barrette de laiton, longue autrefois de 0m,33, réduite maintenant à 0m,28.

Les factoreries attribuent à ces mitakos une valeur de 15 centimes. On compte en mitakos, mais on paye en marchandises : pièces d'étoffe, guinée, andrinople, cotonnade blanche, couteaux, ustensiles divers.

Le commerce que font les Batékés a une réelle importance, à cause des relations directes qu'ils ont avec les populations des bords du Congo. Ils possèdent un village situé sur le bord du Pool, où vit le chef N'Tchoulou, qui jouit d'une très grande autorité dans la région. C'est à M'Pila que viennent se concentrer toutes les marchandises du haut.

Les Batékés constituent une population aux mœurs douces; ils ont reconnu d'une façon absolue notre autorité, au point que tous leurs différends viennent se vider au poste. Ils ont un type particulier et, pourrait-on dire, particulièrement laid. Le front est large et bombé, le nez aplati s'efface en une ligne qui dépasse à peine la proéminence des pommettes. La bouche est grande. Les cheveux sont généralement coupés court sur le devant de la tête et conservés plus longs sur le sommet. Tous les Batékés des environs de Brazzaville, lesquels se distinguent très nettement des Batékés des environs de l'Alima par l'ensemble de leur caractère, portent sur chaque joue une série de lignes obliques et parallèles produites par des incisions successives; elles partent de l'oreille pour aboutir au menton et couvrent les joues; elles sont peu visibles chez les adultes. Ce tatouage constitue à tel point un signe particulier de ces populations, que tous les petits fétiches représentant des dieux le portent toujours (1).

Les Batékés sont des gens au corps grêle, le plus souvent maigre et osseux. Ils sont vêtus de pagnes tissés en fibres de raphia, souvent très fins et très élégants, imitant assez bien le pongé de Chine. Ils les remplacent volontiers par des étoffes européennes, et les chefs se drapent dans des pièces de velours

(1) Les Batékés ont des fétiches de toutes espèces : coquillages, calebasses, semences, griffes, etc. D'après Costermans, les pirogues minuscules seraient des pirogues-fétiches. Il existe des figurines représentant des personnages, toujours de petites dimensions. Dès qu'un homme quitte la maison paternelle pour fonder une famille, il se rend chez le féticheur, qui lui remet un *fétiche*. Celui-ci, placé dans un coin du chimbèque (habitation) en constitue en quelque sorte le dieu familier. Il a l'abdomen entouré d'un lambeau d'étoffe et chaque matin, dit Costermans, le maître de la maison mâchonne un morceau de noix de kola dont il crache le jus sur le fétiche.

Le fétiche est toujours enterré avec son possesseur. Certains endroits et certains animaux sont encore déclarés fétiches, et le féticheur, ce terrible tyran de l'Afrique, crée à plaisir des fétiches dont la vente est pour lui une source de jouissance et de bénéfices considérables. (*L'Etat indépendant du Congo à l'Exposition de Bruxelles-Tervueren*. Bruxelles. Veuve Monnom.)

ou de satin aux couleurs voyantes. Les femmes ont toujours la poitrine voilée, et la pièce d'étoffe dans laquelle elles sont drapées fait ressembler cette sorte de costume à un peplum romain. Elles portent aux chevilles et aux bras des anneaux, faits parfois tout en laiton, mais souvent aussi forgés avec beaucoup d'habileté, suivant une disposition spéciale. C'est une sorte de torsade, ou de nœud, de laiton, de cuivre rouge et de fer. Lorsque ces anneaux ont été construits avec soin et qu'ils sont polis, ils prennent parfois une véritable élégance.

Chez les femmes, les cheveux, rasés près du front de façon à le dégager, sont, au contraire, réservés très longs à la partie supérieure et ramenés en arrière; ils sont tendus de façon à former une sorte de calotte soigneusement graissée. La partie rasée est couverte d'une épaisse couche d'ocre rouge formant quatre ou cinq grandes dents régulières occupant tout le front. Quand une femme est en deuil d'un chef, elle se peint la figure avec de la suie, revêt un pagne noir et dispose ses cheveux en une série de petites boulettes faites de graisse et d'argile noircies. L'aspect que lui donne cet accoutrement est véritablement hideux. La polygamie est établie. Le chef de M'Pila a dix femmes, et leurs cases sont isolées du reste du village par une barrière qui les entoure (1).

Dès mon arrivée à Brazzaville, j'aurais voulu, sans perdre de temps, remonter le cours du Congo et de l'Oubangui (2), et je demandai à l'administrateur principal s'il pouvait mettre à ma disposition des bateaux qui, aux termes des engagements pris par

(1) « Les chefs Batékés épousent des femmes libres et ont aussi pour épouses un certain nombre d'esclaves. L'esprit de famille est très prononcé et l'autorité du père absolue. L'organisation politique est la résultante de celle de la famille, les habitants d'une contrée soumise à un même chef dérivant tous de la même souche. Tous ces chefs de tribus sont indépendants l'un de l'autre, mais dans les villages l'autorité d'un des chefs de famille prédomine toujours. En général, la femme Batéké jouit de beaucoup de liberté et sa moralité est plus grande que chez les autres populations indigènes congolaises. » (*L'Etat indépendant du Congo.*)

(2) Le but de M. Dybowski était, comme nous l'avons indiqué dans l'introduction à ces pages, d'appuyer la mission Crampel. Lorsqu'il apprit que celle-ci avait été massacrée, il abandonna son projet primitif et ne songea plus qu'à sauver les débris de l'expédition et à châtier les assassins. Il n'avait que 42 tirailleurs, mais tous des hommes décidés. M. Nébout, un des survivants de la mission Crampel, se joignit à eux. Ils remontèrent le Congo et l'Oubangui, où ils rencoutrèrent des pirogues chargées de noirs, vendus aux peuplades Bongo pour être mangés; puis ils traversèrent le pays des Banziris, qui ne sont pas anthropophages, et celui des Langouassis, nègres superbes et belliqueux que Dybowski compare aux Niam-Niam, décrits par Nachtigal. Un chef du pays lui dit que les Musulmans, assassins de Crampel, campaient en ces parages, dans les hautes herbes. Dybouski et ses tirailleurs les attaquèrent pendant la nuit et en tuèrent ou blessèrent un grand nombre. Manquant de vivres dans ce pays dévasté, la mission Dybowki ne put aller plus loin; mais avant son retour au camp, elle explora les rivières Ombella et Kemo, et fonda le poste de Kémo, près du confluent avec l'Oubangui. M. Dybowski dit que la région située entre l'Oubangui et le Chari est une des plus prospères et des plus riches de l'Afrique (L. LANIER. *Lectures et analyses de géographie : Afrique, Le Congo français* (Paris, Belin.)

M. de Brazza, devaient me transporter. Mais, sur les trois bateaux que possède la colonie, deux étaient partis dans la Sanga, et le troisième était en réparation. Par la force des choses, je devais donc attendre. Je le regrettai vivement, non seulement parce que c'était du temps perdu, mais parce que chaque minute est précieuse et qu'il faut se hâter de mettre à profit toute cette provision de bonne santé et d'énergie que l'on a rapportée de France et qui pourrait bien, malgré tout, s'épuiser un jour. J'utilisai du moins mon temps à étudier les environs et à constituer d'importantes collections se rapportant à la flore et à la faune du pays. C'était là une façon de faire encore de la besogne utile. Les documents de toute sorte que l'on peut accumuler servent de renseignements certains pour les entreprises que l'on pourrait tenter plus tard. Lorsqu'on connaît bien la flore et la faune d'un pays, on en déduit aisément, par assimilation, quels sont les végétaux ou les animaux que l'on pourra plus tard importer utilement. On peut découvrir aussi, au milieu de cette végétation si riche et si luxuriante, bon nombre de plantes qui peuvent présenter des applications immédiates et devenir la source d'un commerce important.

J. DYBOWSKI.

IDOLES EN BOIS DES LOANGOS.

www.ingramcontent.com/pod-product-compliance
Ingram Content Group UK Ltd.
Pitfield, Milton Keynes, MK11 3LW, UK
UKHW021035200726
13857UKWH00004B/1724